بسم الله الرحمن الرحیم

نمونه های ترجمه متون ساده

دکتر آزاده نعمتی
(هیات علمی دانشگاه ازاد اسلامی واحد جهرم
و عضو شبکه زنان دانشمند جهان اسلام)
و

مرجان خوش پرور

سرشناسه : نعمتی، آزاده- ۱۳۵۴
عنوان و نام پدیدآور : نمونه‌های ترجمه متون ساده/تهیه و تنظیم آزاده نعمتی، مرجان خوش پرور
مشخصات نشر : شیراز، کوشا مهر، ۱۳۹۴.
مشخصات ظاهری : ۱۲۸ صفحه.
شابک : ۷-۱۶۹-۹۷۴-۹۶۴-۹۷۸
وضعیت فهرست نویسی : فیپا
موضوع : زبان انگلیسی- ترجمه به فارسی
موضوع : زبان انگلیسی-ترجمه- راهنمای آموزشی
شناسه افزوده : خوش پرور، مرجان
رده بندی کنگره : ۱۳۹۴ ۷ن۲ف/ ۱۴۹۸/۲ PE
رده بندی دیویی : ۴۲۸/۰۲
شماره کتابشناسی ملی : ۴۱۱۱۶۱۵

انتشارات کوشامهر
مرکز نشر و پخش کتابهای دانشگاهی
شیراز، بلوار کریم خان زند، روبروی خیام، پاساژ مسعود،
پلاک۳۳
تلفن: ۳۲۳۱۶۳۹۸ دورنگار: ۳۲۳۱۴۶۶۵
ناشر برگزیده سالهای ۷۴، ۷۶، ۷۹، ۸۰، ۸۱
خادم نشر سال ۷۷ و ۸۳

نمونه های ترجمه متون ساده

تهیه و تنظیم: دکتر آزاده نعمتی، مرجان خوش پرور

ناشر: انتشارات کوشامهر

شمارگان: ۱۰۰۰

قیمت: ۱۰۰۰۰تومان

چاپ: واصف

نوبت چاپ: اول ۱۳۹۵

شابک: ۷-۱۶۹-۹۷۴-۹۶۴-۹۷۸

فهرست مطالب

مقدمه ۱
متن های نمونه برای ترجمه انگلیسی به فارسی
Do you think that a festival is a good thing? ۴
Conditioning ۶
نمونه ای از ترجمه متن پیشین:"شرایط کنونی" ۹
Do you like tigers? Why? ۱۰
Pre-Islamic history of Shiraz ۱۲
نمونه ای از ترجمه متن پیشین:"تاریخ پیش از اسلام شیراز" ۱۵
Personal space ۱۶
about Men and Women ۱۸
نمونه ای از ترجمه متن پیشین: "حقیقتی درباره زنان و مردان" ۲۱
Measuring the Sound Speed ۲۲
The heat from the sun ۲۴
نمونه ای از ترجمه متن پیشین:"گرمای خورشید" ۲۷
Ron Arden relates this personal story ۲۸
Obesity ۳۰
نمونه ای از ترجمه متن پیشین ۳۳
free will ۳۴
Underwater Explorer ۳۶
نمونه ای از ترجمه پیشین:کاشف زیر آب ۳۹
Health ۴۰
The Genders ۴۲

فهرست مطالب

نمونه ای از ترجمه متن پیشین:"جنسیت ها"	۴۵
News	۴۶
Translate	۴۸
نمونه ای از ترجمه متن پیشین	۵۱
Story1	۵۲
Story2	۵۴
نمونه ای از ترجمه متن پیشین	۵۷
Story3	۵۸
Story4	۶۰
نمونه ای از ترجمه متن پیشین	۶۳
Satellite	۶۴
Artist	۶۶
نمونه ای از ترجمه متن پیشین	۶۹
Harry's feet	۷۰
Family Tree	۷۲
نمونه ای از ترجمه متن پیشین	۷۵
Conscience	۷۶
materialistic society	۷۸
نمونه ای از ترجمه‌ی متن پیشین	۸۱
Meteors	۸۲
arms control	۸۴
نمونه ای از ترجمه متن پیشین	۸۷
Origin of language	۸۸
Drop comparing	
نمونه ای از ترجمه متن پیشین	۹۲
متن های نمونه برای ترجمه فارسی به انگلیسی	
فرهنگ رانندگی	۹۴

۹۶	شبکه اجتماعی
۹۸	موسیقی سنتی ایرانی
۱۰۰	هنر
۱۰۲	شغل مناسب من چیست؟
۱۰۴	سلامت
۱۰۶	اهمیت پا
۱۰۸	زعفران
۱۱۰	چرا مهاجرت اتفاق می افتد؟
۱۱۲	سیگار کشیدن
۱۱۴	توریسم و گردشگری
۱۱۶	ورزش کردن
۱۱۸	سفر
۱۲۰	چرا کودکان ناخن هاي خود را ميجوند؟
۱۲۲	کتابخوانی برای کودکان
۱۲۴	مانع
۱۲۶	قبول خطر
۱۲۸	منابع و مأخذ

فهرست مطالب

مقدمه

واژه ترجمه از نظر متخصصان تعاریف مختلفی دارد. اما آنچه در بین همه آنها یکسان می باشد این است که ترجمه فن و حرفه ای است که طی آن عناصر متنی زبان مبدا به وسیله عناصر متنی زبان مقصد با نزدیک ترین معادل جایگزین شود.
ترجمه انواع مختلفی دارد مانند: ترجمه کامل ؛ترجمه ناقص؛ ترجمه کلی؛ ترجمه محدود؛ ترجمه آزاد؛ ترجمه وابسته و ترجمه هم زمان در تمامی کتاب ها و سایت های مربوط به ترجمه کم و بیش انواع ترجمه را توضیح داده اند.
از دیگر مسایلی که باید در نظر گرفته شود خصوصیات یک ترجمه خوب و یک مترجم خوب است. امانت در ترجمه نیز بحث کلی دیگری است که هنگام ترجمه باید در نظر گرفته شود.
استاد و همکار عزیزم دکترصمد میرزا سوزنی در کتاب "ترجمه متون ساده" به برخی از مسایل مربوط به ترجمه پرداخته اند و توضیحات کامل را در کتاب آورده اند.این کتاب "نمونه های ترجمه متون ساده" می تواند مکمل کتاب "ترجمه متون ساده" تالیف ایشان باشد.
در کتاب حاضر به بررسی مطالب ترجمه نپرداخته ایم چرا که فرض بر اینست که دانشجویان گرامی در واحدهای دیگر درس مطالب ذکر شده را فرا گرفته اند.

مطالب این کتاب پس از سال ها تدریس در کلاس های ترجمه متون ساده انتخاب و جمع آوری شده اند و ترجمه متون نیز توسط دانشجویان در کلاس درس انجام شده است .

دانشجویان گرامی میتوانند ترجمه های پیشنهادی را مورد بحث و بررسی قرار دهند و خودشان نیز متون ساده را ترجمه کنند.

کتاب منبع مناسبی برای ترجمه از زبان انگلیسی به فارسی و برعکس می باشد.

درس ترجمه متون ساده بر اساس سرفصل وزارت علوم تحقیقات و فناوری یک درس دو واحدی میباشد و هدف کلی آن به شرح زیر است :

- تقویت مهارت ترجمه متونی که از نظر ساخت دستوری و نیز از نظر سطح واژگان ساده به حساب آیند.

انتخاب متونی که مناسب با وقت کلاس باشد و تا جایی که امکان دارد هر جلسه در کلاس یک متن را به پایان برسانند.

-قطعه ای مستخرج از یک داستان بلند نباشد تا مفهوم کلی را برساند.

تمامی متون انتخاب شده مشخصات بالا را دارند. امید است که کتاب "نمونه های ترجمه متون ساده" منبع مناسبی برای دانشجویان رشته ترجمه باشد. برای مشاهده کتاب های دیگر این نویسنده به سایت زیر مراجعه فرمایید.

www.BaNarvan.com
azadehnematiar@yahoo.com   (منتظر دریافت نظرات شما هستیم)
Marrjan.kh@gmail.com

متن های نمونه برای ترجمه انگلیسی به فارسی

Do you think that a festival is a good thing?

The annual Takanakuy festival in Peru brought together hundreds 0f costumed competitors to participate in the traditional fighting ritual.

The mass brawl look place on Sunday; aimed at settling old scores before the year's end.

It serves as a form of community justice to quell simmering disputes between residents allowing people to the start new year in peace.

The contestants; men; women and even children; may donning colourful face masks and Andean horsing gear greeted each other with handshakes and hugs before lunging into the battle.

Judges and referees were on hand to declare the winners in fights stemming from legal matters to stolen lovers.

The confrontations are supervised by local authorities and referees mediate the bare-knuckled free kicking brawls.

ـ متن صفحه مقابل را به فارسی برگردانید.

Conditioning

Society teaches children to act like males and females at a young age. In fact, the lifelong process of conditioning a person to fit his or her gender role begins at birth. Pink or blue clothing is purchased, a name is chosen from the appropriate category, and the pronoun he or she is used. Even before the child can talk, he or she is told such things as ``what a handsome boy you are! ``. or `` How pretty you look!`` Later come the constant reminders from parents, relatives, and teachers: mentioned that you are a brave boy;don`t cry,`` or ``Be a nice girl and help her mother with the dishes.``

نمونه های ترجمه متون ساده

- متن صفحه مقابل را به فارسی برگردانید.

نمونه های ترجمه متون ساده

ـ نمونه ای از ترجمه متن پیشین:
"شرایط کنونی"

جامعه به کودکان می آموزد که در سنین جوانی مانند مردان و زنان رفتار کنند. در واقع روند مادام العمر آمادگی یک فرد با تناسب جنسیتی او از بدو تولد آغاز می شود.

لباس صورتی یا آبی خریداری می شود و نامی از گروه مناسب انتخاب می شود و از ضمیر دختر یا پسر استفاده می گردد.

حتی قبل از آنکه کودک بتواند صحبت کند به او چیزهایی مانند این گفته میشود "چه پسر خوش قیافه ای هستی"یا "تو چقدر زیبا به نظر می رسی".

بعد هم به طور مرتب از طرف والدین , بستگان و آموزگاران تذکر داده می شود "پسر قوی باش,گریه نکن" یا "دختر خوبی باش و در شستن ظروف به مادرت کمک کن".

Do you like tigers? Why?

These one-month-old tiger cubs have met visitors for the first time at a zoo in southwest China.

"The mother was quite weak after giving birth to three cubs. She does not have enough milk for all three of them; so we have added more nutrients to the mother's diet that will produce more milk Though the cubs are only one month old; they look quite healthy..

This is not easy for them. ``

The three cubs; one male and two female ; were born from a Bengal tiger last month at the zoo. They were allowed outside to meet visitors on the first day of 2015.

Visitors took photographs of the three cubs crawling on the ground and playing in a box.

``They are very cute, very adorable. ``

Ah! We have to agree!

نمونه های ترجمه متون ساده

- متن صفحه مقابل را به فارسی برگردانید.

Pre-Islamic history of Shiraz

Shiraz is most likely than 4000 years old .The name Shiraz is mentioned in cuneiform inscriptions from around 2000 BCE found in southwestern corner of the city. According to some Iranian mythological traditions, it was originally erected by Tahmuras Diveband , and afterward fell to ruin. .The oldest sample of wine in the world , dating to approximately 7000 ,discovered on clay jars recovered outside of Shiraz (according to the referenced article, this discovery was made in Hajji Firuz Tepe, a Neolithic village in Iran`s northern Zagros Mountains, more than a thousand kilo meters north of Shiraz). [15] In the Achaemenian era, Shiraz was on the way from Susa to Persepolis and Pasargadae. In Ferdowsi`s Shahnama it has been said that ArtabanusV , the Parthian Emperor of Iran, over Shiraz. Ghasre Abu-Nasr (meaning ``the palace of Abu-Nasr``) which is originally from Parthian era is situated in this area. During the Sassanid era, Shiraz was in between the way which was connecting Bishapur and Gur to Istakhr. Shiraz was an important regional center under the Sassanians.

نمونه های ترجمه متون ساده

‐ متن صفحه مقابل را به فارسی برگردانید.

نمونه های ترجمه متون ساده

-نمونه ای از ترجمه متن پیشین:
"تاریخ پیش از اسلام شیراز"

به احتمال زیاد قدمت شیراز بیش از چهارهزار سال است.
نام شیراز در کتیبه هایی به خط میخی یافت شده که در حدود دو هزار سال قبل از میلاد در شمال شرق شهر آمده است.
طبق برخی از افسانه های اسطوره ای ایرانیان اصل ,شیراز توسط طهمورث دیوبند بنا شد و پس از آن به سمت ویرانی رفت.
قدیمی ترین نوع شراب جهان که قدمتی حدود هفت هزار سال دارد، در کوزه‌های سنگی خارج از شهر شیراز یافت شده است.
طبق مقاله ارجاعی این کشف، در حاجی فیروز تپ که روستایی نوسنگی در شمال رشته کوه‌های زاگرس،که در هزار کیلومتری شمال شیراز می باشد، قرار گرفته است.
در دوره ی هخامنشی، شیراز در راه شوش به تخت جمشید و پاسارگاد قرار داشت.
در شاهنامه فردوسی آمده که اردوان پنجم پادشاه پارت ایران نظارتش را بر شیراز گسترش داد.
قصر ابونصر، اصل آن از دوره ی پارت است،که در این ناحیه واقع شده است.
در دوره‌ی ساسانیان شیراز در راهی قرار داشت که بیشاپور و گور را به استخر متصل میکرد.
در دوران ساسانیان شیراز از اهمیت منطقه ای بالایی برخوردار بود.

Personal space

Most animals have a certain air space around their bodies that they claim as their personal space. How far the space extends is mainly dependent on how crowded were the conditions in which the animal was raised lion raised in the remote regions of Africa may have a territorial air space with a radius of fifty kilo meters or more, depending on the density of the lion population in that area, and it marks boundaries by urinating or defecating around them. On the other hand, a lion in captivity with the other lions may have a personal space of only several meters, the direct result of crowded conditions.

Like the other animals, man has his own personal portable air bubble that he carries around with him and its size is dependent on the density of the population in the place where he grew up. This personal zone distance is therefore culturally determined. Where some cultures such as japan, are accustomed to crowded and also who forced with The `wide open space` and to keep their distance. However, we are concerned with the territorial behaviour of people raised in Western cultures.

نمونه های ترجمه متون ساده

ـ متن صفحه مقابل را به فارسی برگردانید.

The Truth *about Men and Women*
Do you believe that most men like to watch sports and that they get angry more often that women do!
Do you believe that women talk more than men do and that men are bad listeners? These are typical gender stereotypes held by many people around the world. Those of uses how consider ourselves open-minded might scoff at these ideas and say, ``Of course I don`t believe those things``. They are just stereotypes.
``However , according to some studies, at least some of these stereotypes maybe true first, let`s look at sports stereotypes .According to recent poll , about 75% of men do enjoy watching sports .Younger men like watching sports more than older men do, but it looks like there`s a strong basis in fact for that stereotype.
According to another poll, people consider men to be generally quicker to get angry than women.
However, a research study done at Florida state university shows that men and women can get equally angry. The difference is that women is less likely to express her anger, and a man is more apt to tell someone that he or she made him angry. So in this case, it may not be true that men are angrier than women are: men are simply more open about their anger.
It`s not uncommon to hear men complain that their wives talk too much, or to hear women complain that their husbands don`t listen to them. Well, these stereotypes are difficult to prove or disprove. Some researchers claim that women have a larger vocabulary than men do. Others claim that the language center of the brain is larger in women than it is in men. More research needs to be done to determine how extensive the verbal differences are in men and women.

نمونه های ترجمه متون ساده

- متن صفحه مقابل را به فارسی برگردانید.

- متن صفحه مقابل را به فارسی برگردانید.

نمونه های ترجمه متون ساده

نمونه ای از ترجمه متن پیشین:
حقیقتی درباره زنان و مردان:

آیا شما هم به این مساله اعتقاد دارید که مرد ها بیشتر از زن ها برنامه های ورزشی تماشا میکنند و بیشتر از زن ها عصبانی می شوند؟ آیا شما هم معتقدید که زن ها بیشتر از مردها حرف می زنند و مردها شنونده های خوبی نیستند؟

این ها تصورات قالبی جنسیتی هستند که بسیاری از افراد سرتاسر دنیا به آن اعتقاد دارند. ممکن است بعضی از ما که ادعای روشن فکری داریم این عقاید را مسخره کنیم و بگوییم "البته من به این موارد اعتقاد ندارم این ها فقط تصورات قالبی هستند "به هر حال طبق نتایج برخی پژوهش ها دست کم بعضی از موارد ممکن است درست باشند.

بگذارید ابتدا به تصور قالبی مربوط به ورزش بپردازیم. طبق نظرسنجی که به تازگی انجام شده است حدود ۷۵% مردان از تماشای مسابقات ورزشی لذت میبرند.

مردان جوان بیش از مردان پا به سن گذاشته به تماشای مسابقات ورزشی علاقه مندند. اما به نظر میرسد در پشت این تصور قالبی واقعا منطقی قوی وجود دارد. طبق یک نظرسنجی دیگر مردم بر این باورند که مردها زودتر از زن ها عصبانی میشوند و به هر حال پژوهشی که در دانشگاه دولتی فلوریدا انجام شد نشان می دهد که مرد ها و زن ها به یک نسبت عصبانی می شوند. تفاوت آن ها در اینست که زن ها عصبانیت خود را بروز نمی دهند ولی مردها مایلند عصبانیت خود را به کسی که آن ها را عصبانی کرده نشان دهند. بنابراین در این مورد نمی توان گفت که مرد ها عصبانی تر از زن ها هستند؛ مردها فقط در مورد عصبانیتشان رک تر هستند.

اینکه آقایان از زیاد حرف زدن همسرانشان شکایت می کنند یا خانم ها از اینکه شوهرانشان به حرف هایشان گوش نمیکنند شکایت میکنند اصلا غیر عادی نیست.

بسیار خوب! اثبات یا رد درستی این تصورات قالبی کار دشواریست. برخی از پژوهشگران ادعا میکنند که دامنه واژگان زنان بیشتر از مردان است. برخی دیگر از پژوهشگران ادعا میکنند که مرکز زبان در مغز زنان بزرگتر از مردان است. پژوهش های بیشتری لازم میباشد تا مشخص شود تفاوت های زبانی مردان و زنان تا چه حد گسترده است.

Measuring the Sound Speed

Scientists have done many experiments to discover how fast travels sounds through the air. In the earliest experiments guns were fired to produce the sound and also a flash, which at night acted as a signal to show that the experiment had started. An observe, standing 20 miles away started his stop-watch when he saw the flash, and stopped it when he heard the explosion. The time taken by light to travel a distance as short as this can be ignored, so the time noted was that required by sound to complete its journey. The speed was easily calculated. It was found to be greater with the wind than against it. To overcome this difficulty, guns were fired at an agreed time at both ends of the measured distance, and the average of the two speeds was taken. If one experiment was helped by the wind, the other was hindered to an equal extent.

نمونه های ترجمه متون ساده

- متن صفحه مقابل را به فارسی برگردانید.

The heat from the sun

The temperature on the surface of the sun is about 11,000 degrees fahrenheit. You would think that the closer you got to the sun, the hotter you would be. Yet, just a few thousand feet above the earth, the air is very cold.

The heat from the sun is radiant energy. This energy is transmitted through transparent things such as air or glass. But once radiant energy hits something that does not let light through, it is absorbed as heat. When energy from the sun hits the ground, the ground is warmed. The ground then warms the air just above it.

Cities are often warmer than rural areas. Large buildings and cement streets give off more of the sun`s energy than does soil and this warms the air. This explains why it is warm near the earth where we live, and why it is cold a few thousand feet above us.

- متن صفحه مقابل را به فارسی برگردانید.

نمونه های ترجمه متون ساده

ـ نمونه ای از ترجمه متن پیشین:
"گرمای خورشید"

دما در سطح خورشید حدود یازده هزار درجه فارنهایت است. ممکن است فکر کنید هرچه به خورشید نزدیک تر می شوید گرم تر خواهید شد. درحالی که چند هزار پا بالای سطح زمین هوا بسیار سرد است.

گرمای خورشید انرژی پرتاوی است. این انرژی توسط چیز های شفاف مانند شیشه و هوا بازتاب میشود. اما هنگامی که انرژی پرتاوی به چیز هایی برخورد می کند که نمی تواند خود را عبور دهد گرما را جذب می کند.

هنگامی که انرژی خورشید به زمین می تابد زمین گرم می شود و سپس هوای اطراف را گرم می کند.

شهر ها اغلب از مناطق روستایی گرم تر هستند؛ ساختمان های بلند و جاده های سیمانی بیشتر از خاک انرژی خورشید را متصاعد می کنند و این باعث گرمای هوا می شود.

دلایل ذکر شده نشان می دهد که چرا نزدیک به سطح زمین بیشتر از خاک جایی که ما زندگی می کنیم گرم است و چرا چند هزار پا بالاتر از ما هوا سرد است.

Ron Arden relates this personal story as a statement to: the power of charm

It was back in the seventies that my awareness of the power of charm really took root. A friend of ours in Los Angeles phoned to invite my wife Nicky and me to a reception for Ivan Berold and his wife Maryanne. They had recently arrived here from South Africa. Ivan, a handsome devil and a good actor and friend, is someone I had known during my Theater days in South Africa.

We arrived at their home that Saturday afternoon and joined the crowd in the garden. People were milling around the bar and, of course, Ivan and Maryanne.

We greeted each other warmly and then the four of us proceeded to ``fill up`` at the inviting buffet tables.

Later than afternoon I saw Nicky and Ivan talking to each other, and I noticed that my dear, normally level-headed wife seemed entranced by him. I thought, ``What on earth is going on? She`s behaving like a teenybopper``. An irrational pang of jealousy shot through me and I hurried over to join them.

- متن صفحه مقابل را به فارسی برگردانید.

Obesity

Obesity is said to be a condition of extra body fat. It is measured in terms of BMI of body mass index. BMI is calculated in numerical value taking in account the height of a person. BMI above 30 kg/m2 indicates obesity.

Obesity is often associated with various life threatening and debilitating disorders.

Obesity is seen in people of all ages. But it is often seen that small children and women are more obese as compared to men. Obesity is becoming a major issue throughout the world.

According to a recent survey around more than 300 million people are obese all around the world. Obesity is the most common nutritional & metabolic disease. 30 years ago obesity was not a big issue as it is seen today.

Major reason behind obesity are life style preferences, cultural and environment factors. Obesity may lead to increase the risk towards cardiovascular diseases, coronary artery diseases, sleep apnoea, diabetes, respiratory diseases and low self-esteem.

نمونه های ترجمه متون ساده

ـ متن صفحه مقابل را به فارسی برگردانید.

نمونه های ترجمه متون ساده

نمونه ای از ترجمه متن پیشین:

چاقی به حالتی گفته می شود که بدن چربی اضافه دارد. چاقی با اصطلاحی با نام بی ام آی یا شاخص توده بدن اندازه گیری می شود.
چاقی اغلب با انواع تهدید کننده های مختلف و اختلالات ناتوان کننده همراه است. چاقی در همه ی رده های سنی دیده می شود. اما اغلب دربچه های کوچک و زنانی که در مقایسه با مردها چاق تر هستند دیده می شوند. چاقی در حال تبدیل شدن به یک مساله در سراسر دنیاست.
طبق تحقیق اخیر در حدود سیصد ملیون نفر در سرتاسر دنیا چاق هستند. این معضل رایج ترین بیماری تغذیه ای و متابولیکی است. سی سال پیش چاقی مساله ای بزرگی مثل امروز نبود.
علت های اصلی چاقی عبارتند از:
الویت های سبک زندگی- عوامل محیطی و فرهنگی؛ منجر شدن به افزایش ریسک بیماریهای قلبی عروقی؛ تصلب شریان قلبی ؛خفگی در خواب ؛ دیابت و مشکلات تنفسی و اعتماد به نفس

Free will

The question of free will touches nearly everything we care about. Morality, law, politics, religion, public policy, intimate relationship, feelings of guilt and personal accomplishment most of what is distinctly human about our lives seems to depend upon our viewing one another as autonomous person, capable of free choice. If the scientific community were to declare free will an illusion, it would precipitate a culture war far more belligerent than the one that has been waged on the subject of evolution. Without free will, sinners and criminals would be nothing more than poorly calibrated clockwork and any conception of justice that emphasized punishing them (rather than deterring, rehabilitating, or merely containing them) would appear utterly incongruous. And those of us who work hard and follow the rules would not ``deserve`` our success in any deep sense. It is not an accident that most people find these conclusions abhorrent. The stakes are high.

In the early morning of July 23, 2007, Steven Hayes and Joshua Komisarjevsky, two career criminals, arrived at the home of Dr. William and Jennifer Petit in Cheshire, a quiet town in central Connecticut. They found Dr. Petit asleep on a sofa in the sunroom. According to his taped confession, Komisarjevsky stood over the sleeping man for some minutes, hesitating, before striking him in the head with a baseball bat. He claimed that his victim`s screams then triggered something within him, and he bludgeoned Petit with all his strength until he fell silent.

- متن صفحه مقابل را به فارسی برگردانید.

Underwater Explorer

Jacques Cousteau put on his new diving goggles and walked into the sea.

The twenty-six-year-old Frenchman had enjoyed swimming ever since he was a boy. Now, as he dropped under the surface of the water, an entirely new world opened up. An array of fish, seaweed, and rocks appeared around him. Yet despite this colourful variety of sea life, he felt a sense of space in this ocean world. At that moment, Jacques Cousteau decided to become a deep-sea explorer.

The year was 1936, and little was known about ocean diving. Diving equipment was dangerous, heavy, and bulky. Cousteau began working make diving safer and easier. He started wearing rubber fins so he could swim faster underwater. Later he invented a breathing system that used tanks to carry oxygen. This system allowed divers to inhale and exhale, or breath in and out, underwater.

Ten years later, Cousteau set up the Undersea Research Group with other divers who were exploring the deep sea. He and his colleagues explored shipwrecks. They also studied marine life.

ـ متن صفحه مقابل را به فارسی برگردانید.

نمونه های ترجمه متون ساده

- نمونه ای از ترجمه پیشین:
کاشف زیر آب

ژاک کاستو عینک های غواصی جدیدش را بر چشم گذاشت و به داخل آب قدم زد. این مرد فرانسوی بیست و شش ساله از زمان بچگی از شنا کردن لذت می برده است. اکنون که به زیر آب رفته بود دنیای کاملا جدیدی فرا رویش گشوده شده بود. ماهی ها؛ جلبک های دریایی؛ و صخره های فراوانی در اطرافش دیده می شد.

لیکن با وجود تنوع رنگارنگی زندگی آبی او می توانست آرامش خاصی را در دنیای اقیانوس احساس کند. آن زمان ژاک کاستو تصمیم گرفت یک کاشف اعماق اقیانوس بشود.

سال ۱۹۳۶ بود ؛ مردم چیز زیادی درمورد غواصی در اقیانوس نمی دانستند؛ وسایل غواصی خطرناک ؛ سنگین و حجیم بودند.

کاستو سعی کرد غواصی را امن تر و راحت تر نماید. او شروع به استفاده از باله های پلاستیکی نمود تا بتواند در آب سریع تر حرکت کند. سپس سیستم تنفسی اختراع کرد که شامل مخزن های اکسیژن می شد. این سیستم غواصان را قادر می ساخت که در زیر آب تنفس کنند و یا دم و بازدم داشته باشند.

ده سال بعد کاستو گروه تحقیق در زیر دریا را به همراه غواصان دیگری که مشغول اکتشاف در اعماق بودند پایه گذاری کرد. وی و همکارانش کشتی های غرق شده را مورد کاوش قرار دادند. آن ها زندگی دریایی خود را نیز مورد مطالعه قرار دادند.

Health

The word health is an important factor today in everybody life because if we are physically and mentally healthy then we can definitely enjoy a healthy life too, and health is a value of being connected, energetic and having active interactions on a daily basis .

Life is beautiful and you don't want to bog yourself down with unnecessary health problems. Today, your vital organs (kidney, heart, lungs, gall bladder, liver, stomach, intestines, etc) may be working well, but they may not be tomorrow. Don't take your good health today for granted. Take proper care of your body .

Good health isn't just about healthy eating and exercise – it also includes having a positive mental health, healthy self-image and a healthy lifestyle. In this article, I'll share with you some tips to live a healthier life:

Drink more water;
Get enough sleep; Exercise;
Eat more fruits;
Eat more vegetables;
Breathe Deeply;
Eat small meals;
Cut out sugary foods;
Cut out soda and caffeine.

- متن صفحه مقابل را به فارسی برگردانید.

The Genders

How different we all are from each other! Take a moment to study the people around you, and you1ll undoubtedly be struck with his fact. Features such as height, weight, skin colour, and hair texture vary markedly from individual to individual and from race to race.

These characteristics, however, are not what we notice first about any other human being. Regardless of how tall, dark or heavy another person is, it is his or her gender that first catches our attention. In fact, no matter how different two people are, we view them as fundamentally similar if they are of the same gender.

Thus, the most basic division among human beings is that between male and female.

Because of this division, special roles for each sex have developed. Obviously, males and females perform different functions in reproduction, but the distinction goes far beyond that. In fact, it enters into every areas of our lives.

- متن صفحه مقابل را به فارسی برگردانید.

نمونه های ترجمه متون ساده

نمونه ای از ترجمه متن پیشین:
"جنسیت ها"

چگونه ما از همدیگر متمایز هستیم؟ زمانی را برای شناخت اطرافیان بگذارید بی شک با این حقیقت برخورد خواهید کرد که ویژگی هایی مثل قد وزن رنگ پوست و بافت مو از فردی به فرد دیگر و از نژادی به نژاد دیگر به طور قابل توجهی متفاوت است. به هر حال این مشخصه ها در ابتدا موارد قابل توجه ما نسبت به بقیه انسان ها نیستند.

بدون در نظر گرفتن بلندی تیرگی پوست یا سنگینی وزن افراد و مذکر ومونث بودن آن هاست که توجه ما را جلب میکند.

در حقیقت مهم نیست که دو فرد چقدر متفاوت باشند اگر از یک جنسیت باشند به طور اساسی آنها را مشابه می بینیم. بنابراین دسته بندی انسان بین مونث و مذکر بودن آن هاست. به دلیل این دسته بندی وظایف خاص هر جنس توسعه یافته است. مسلما مردها و زن ها عملکرد های متفاوتی در تولید مثل ایفا می کنند اما این تفاوت فراتر از آن است.

در حقیقت این موضوع وارد تمام بخش های زندگی ها شده است.

News

Pakistani teenager Malala, who was shot in the head by the Taliban in 2012 for advocating girl's right to education, and Indian children's right activist Kailash Satyarthi won the 2014 Nobel peace prize.

Yousefzai, aged 17, becomes the youngest Nobel-prize winner by for.

The prize, worth 1.1$ million, will be presented in Oslo on Dec. the anniversary of the death of Swedish industrialist Alfred Nobel, who founded the award in his 1895 will.

نمونه های ترجمه متون ساده

- متن صفحه مقابل را به فارسی برگردانید.

Translate

A man with a very large nose got married. One day he boasted, in his wife presence, of his good qualities, mentioning especially his patience and forbearance.

``I know it, I know it,`` said his wife, ``for had you not these qualities, you could not have carried such a big nose for so many years.

****

A: Parking at school is impossible

B: I'll say.

A: I drove around for half an hour.

B: Did you find a spot?

A: I found a spot, but someone cut in and took it from me.

B: Did you yell at them?

A: Yes, I did.

B: And?

A: And he yelled back at me.

B: How rude.

A: But I got lucky a few minutes later.

B: You have to be lucky to find a parking space.

نمونه های ترجمه متون ساده

متن صفحه مقابل را به فارسی برگردانید.

نمونه های ترجمه متون ساده

نمونه ای از ترجمه متن پیشین:

روزی مردی که بینی بزرگی داشت ازدواج کرد. یک روز در حضور همسرش شروع به تعریف و خودستایی (از خود) کرد. او مخصوصا اشاره به صبر و تحملش می کرد. زنش می گفت: " می دانم ' می دانم". اگر این خصوصیات را نداشتی نمی توانستی این همه سال بینی به این بزرگی را تحمل کنی.

****

الف: پارک کردن ماشین در مدرسه غیر ممکن است.
ب: من هم می گویم.
الف: یک ساعت ونیم دور مدرسه دور می زدم (یک ساعت ونیم دور مدرسه رانندگی می کردم)
ب: جایی را پیدا کردی؟
الف: یک جا پیدا کردم اما یک نفر جای من را گرفت.
ب: سرش فریاد نزدی؟
الف: چرا فریاد زدم.
ب: و؟
الف: اون هم سر من فریاد زد.
ب: چه بی تربیت!
الف: اما خوشبختانه چند لحظه بعد یک جای دیگری پیدا کردم.
ب: واقعا خوش شانسی که جای پارک پیدا کردی.

Story1

A man checked into the hotel, there was a computer in his room, so he decided to send an e-mail to his wife. However accidentally type wrong e-mail address, and without realizing his error he sent the e-mail.

Meanwhile... somewhere in Huston, a widow had just returned from her husband's funeral. The widow decided to check her e-mail, expecting condolence message from relatives and friends. After reading the first message, she fainted. The widow's son rushed into the room, found his mother on the floor, and saw the computer screen Witch read:

To: my loving wife

Subject: I've reached

Date: 2may 2006

I know you're surprised to hear from me. They have computers here, and we are allowed to send e-mail to love ones. I've just reached and have been checked in. I see that everything has been prepared for your arrival tomorrow. Looking forward to seeing you tomorrow! Arrival you loving hubby.

- متن صفحه مقابل را به فارسی برگردانید.

Story 2

Fred was a young soldier in a big camp. During the week they always worked very hard, but it was Saturday, and all the young soldiers were free, so their officer said to them, you can go in to the town this afternoon, but first I'm going to inspect you.

Fred came to the officer, and the officer said to him your hairs very long. Go to the barber and then come back to me again. Fred ran to the barber`s shop, but it was closed because it was Saturday. Fred was very sad for a few minutes, but then he smiled and went back to the officer. Are my boots clean now, Sir he asked The officer did not like at Fred`s hair. He looked at his boots and said, yes they are much better now. You can go out, and next week, first clean your boots, and then come to me.

نمونه های ترجمه متون ساده

- متن صفحه مقابل را به فارسی برگردانید.

نمونه های ترجمه متون ساده

نمونه ای از ترجمه متن پیشین:

فرد سرباز جوانی در یک اردوگاه بزرگ بود.
آن ها همیشه در طول هفته به سختی کار می کردند اما آن روز شنبه بود و همه سربازها بیکار بودند. بنابراین مافوقشان به آن ها گفت: می تونید بعد از ظهر به شهر بروید اما اول باید تفتیش تان کنم. فرد پیش فرمانده آمد و فرمانده به او گفت که موهای تو بلند است .
به سلمانی برو و دوباره پیش من برگرد. فرد به سلمانی رفت اما چون شنبه بود تعطیل بود. او برای لحظه ای ناراحت شد اما دوباره خندید و پیش فرمانده بازگشت و پرسید: آیا پوتین های من تمیز شده اند؟
فرمانده به موهای فرد نگاه نکرد ؛ به کفش هایش نگاه کرد و گفت: آره الان خیلی بهتر شدند. تو می توانی بروی و هفته ی آینده اول پوتین هایت را تمیز کن و بعد پیش من بیا.

Story3

Mr Johnson was a rich old man. He lived in a beautiful house in the country with lots of servants, but his wife was dead, and he did not have any children.

Then he died suddenly, and people said, His servants killed him, because they wanted his money. But the servants said, No, he killed himself. The police came and asked the servants a lot of questions, and after a few weeks, there was a big trial, There were two famous lawyers and several important witnesses. Tell me, one of the lawyers said to a witness one day, did Mr Johnson often talk to himself when he was alone? I don`t know, the witness answered at once. You don`t know? The lawyers repeated angrily. You don`t know? But you were his best friend, weren`t you? Why don`t you know? because I was never with him when he was alone, the witness answered.

- متن صفحه مقابل را به فارسی برگردانید.

Story4

That day I was sitting in the room of my cousin alone and was playing with his collection of cars, when I heard a strange whispering behind my back. I turned around. On my brother`s bed there was a boy and girl of about twelve years of age, they were pale and their eyes were wide open. They were smiling too.

They smiled baring their teeth - it`s hard to describe, but it looked pretty creepy. They spoke in whispers to each other (but at the same time their lips did not move, their mouths did not open and they talked through those terrible smiles), and then the boy waved at me. What was also strange was that their pupils also didn`t move. They simply turned their heads in my direction. I stopped playing with toy cars and ran away from the room.

- متن صفحه مقابل را به فارسی برگردانید.

نمونه های ترجمه متون ساده

نمونه ای از ترجمه متن پیشین:

اون روز وقتی من در اتاق پسر عموم تنها نشسته بودم و با مجموعه ماشین هایش بازی می کردم پشت سرم صدای پچ پچ عجیبی شنیدم دور و اطراف را نگاه کردم.روی تخت برادرم یک دختر وپسر تقریبا دوازده ساله که چشم هایشان کاملا باز و بی رنگ بودند و لبخند هم میزدند.لبخندشان دندان های آنها را عریان می کرد.توضیح دادنش خیلی سخت است.که بسیار وحشت زده بود.آن ها با هم پچ پچ می کردند اما در عین حال نه لب هایشان تکان میخورد نه دهانشان باز می شد.آن ها با آن لبخند وحشتناک حرف می زدند و سپس پسرک برای من دست تکان داد. چیزی که خیلی عجیب بود این بود که حتی مردمک چشم هایشان هم تکان نمی خورد.

آن ها به راحتی سرشان را به سمت من می چرخاندند. بازی با آن ماشین ها را رها کردم و از آن اتاق فرار کردم.

Satellite

In October 1957, the first satellite, called Sputnik, was sent into orbit. Today, hundreds of satellites are spinning around earth. Communications satellites are among the most important of these man-made moons, in countless ways these satellites have improved life for much of humankind. They have brought people together and made earth a smaller place.

- متن صفحه مقابل را به فارسی برگردانید.

Artist

An artist who did not have much money, but was a very kind man, was coming home by train one day. He gave his last few coins to a beggar, but then he saw another one, and forgot that he did not have any money. He asked the man if he would like to have lunch with him, and the beggar accepted, so they went into a small restaurant and had a good meal.

At the end, the artist could not pay the bill, of course, so the beggar had to do so.

The artist was very unhappy about this, so he said to the beggar , ``Come home with me in a taxi, my friend, and I`ll give you back the money for lunch.``

``Oh, no! `` the beggar answered quickly. ``I had to pay for your lunch, but I`m not going to pay for your taxi home too! ``

نمونه های ترجمه متون ساده

- متن صفحه مقابل را به فارسی برگردانید.

نمونه های ترجمه متون ساده

_نمونه ای از ترجمه متن پیشین:

روزی هنرمند مهربانی که پول زیادی نداشت با قطار به خانه برمی گشت. او آخرین سکه هایش را به گدایی داد .سپس گدای دیگری دید و فراموش کرد که پول کافی ندارد. وی از گدا درخواست کرد تا نهار را با او بخورد و گدا قبول کرد.سپس به یک
رستوران کوچک رفتنند و غذای خوبی را خوردند.
پس از صرف غذا هنرمند نتوانست پول غذا را پرداخت کند.پس چاره ای نبود و گدا مجبور شد که پول را بپردازد.
هنرمند که از این پیشامد بسیار ناراحت بود گفت:دوست من بیا با تاکسی به خانه من برویم تا من پول غذا را به تو بدهم.
مرد فقیر فورا جواب داد: وای نه!پول نهارت را پرداخت کردم دیگر نمی خواهم که پول تاکسی تو را هم بدهم.

Harry`s feet
One of Harry`s feet was bigger than the other.
I can never find boots and shoes for my feet, he said to his friend Dick. Why don`t you go to a shoemaker?

Dick said: A good one can make you the right shoes.

I`ve never been to a shoemaker, Harry said: Aren`t they very expensive? No, Dick said, some of them aren`t.

There`s a good one in our village, and he`s quite cheap.

Here`s his address. He wrote something on a piece of paper and gave it to Harry. Harry went to that shoemaker in Dick`s village a few days later, and the shoemaker made him some shoes. Harry went to the shop again a week later and looked at the shoes. Then he said to the shoemaker angrily, you`re a silly man! I said, make one shoe bigger than the other, but you`ve made one smaller than the other!

نمونه های ترجمه متون ساده

- متن صفحه مقابل را به فارسی برگردانید.

Family Tree

``Anybody can look at me and tell I am a part Indian`` .said simple.

``I see you almost every day, ``I said, `` and I did not know it until now.``

``I have Indian blood but I do not show it much``, said Simple. `` My uncles` cousin`s great grandmas were a Cherokee. I am quick-tempered just like an Indian. If somebody does something to me, I always fight back. In fact when I get mad, I am the toughest Negro God`s got. It`s my Indian blood.

When I were a young man, I used to play baseball and steal bases just like Jackie. If the empire would rule me out, I would get mad and hit the empire.

I had to stop playing. That Indian Temper. Nowadays, though it`s mostly women that riles me up, especially landladies. To tell the truth, I believe in a women keeping her place. Women are beside themselves these days. They want to rule the men.

From: `` The Family Tree``, by Langston Hughes, in Popular Writing in America

نمونه های ترجمه متون ساده

ـ متن صفحه مقابل را به فارسی برگردانید.

نمونه های ترجمه متون ساده

-نمونه ای از ترجمه متن پیشین:

هرکی به من نکاه می کنه می فهمه یه رگ سرخ پوستی دارم
من هر روز می بینمت ولی تا حالا این موضوع رو نمی دونستم.
من خون سرخ پوستی تو رگم هست ولی خیلی نشون نمی دم .هفت پشتم از قبیله ی چروکی بودن. زمانی رگ سرخ پوستیمو نشون می دم که از کوره در می رم و خون سرخ پوستی من به جوش میاد. وقتی اون روم بالا میاد که از کوره در برم (عصبانی بشم).
تند مزاجم درست مثل سرخ پوستای دیگه.اگه کسی اذیتم بکنه تلافی شو سرش در میارم.
وقتی که عصبانی می شم ؛ می شم خشن ترین سرخ پوستی که خدا آفریده؛ این همون رگ سرخ پوستی منه.
جوونیام بیس بال بازی می کردم و درست مثل جکی چوب هارو می دزدیدم.اگه داور اخراجم می کرد عصبانی می شدم و می زدمش.
مجبور شدم بازی رو کنار بذارم ؛ بخاطر همون خلق و خوی سرخ پوستی. این روزا بیشتر زن ها هستند که عصبانیم می کنند بخصوص صاحب خونه های زن. راستشو بخوای اعتقاد دارم زن ها باید جایگاهشونو بدونن. این روزا زن ها پشت هم هستن ؛اونا می خوان به مرد ها حکومت کنند.

Conscience

A person with an over-severe conscience is one who sets himself standards which he finds impossible to live up to, and who is therefore continually feeling guilty about things which do not matter and which he cannot help. Because he has so often been told by his parents that it is wrong to feel certain emotions and have certain desires, he is likely to repress these emotions and desires,. This states of affairs not only causes unnecessary suffering, but it may in the end lead to mental ill-health

نمونه های ترجمه متون ساده

- متن صفحه مقابل را به فارسی برگردانید.

Materialistic society

We live in a materialistic society and are trained from our earliest years to be acquisitive. Our possessions, "mine" and "yours" are clearly labeled from early childhood. When we grow old enough to earn a living, it does not surprise us to discover that success is measured in terms of the money you earn. We spend the whole of our lives keeping up with our neighbors, the Joneses. If we buy a new television set, Jones is bound to buy a bigger and better one.

نمونه های ترجمه متون ساده

- متن صفحه مقابل را به فارسی برگردانید.

نمونه های ترجمه متون ساده

نمونه ای از ترجمه متن پیشین:

در جامعه ای مادی گرا زندگی می کنیم و از اوایل کودکی آموخته ایم که مادی گرا باشیم. از همان دوران کودکی به روی تمام دارایی های ما برچسب مال من مال تو خورده است. زمانی که به سن امرار معاش می رسیم تعجب نمی کنیم از اینکه می بینیم که موفقیت با مقیاس پولی که به دست می آوریم سنجیده می شود. تمام زندگی خود را صرف چشم و هم چشمی با دیگران می کنیم. زمانی که ما (اگر ما) تلویزیون جدیدی می خریم دیگران خود را ملزم می کنند که تلویزیون بزرگتر و بهتر بخرند.

Meteors

Meteors are one of the dangers to be met in space flight.

The fact is that ``empty`` outer space is not entirely empty. Larger meteors are rare in outer space. There is only one chance in about five billion hours of light of being hit by a meteor that is even a half-inch in diameter. But one has to count on spaceships being hit often by very small meteors the size of dust particles.

These small meteors travel at high rates of speed. If a meteor were to strike a spaceship at a speed of forty miles per second, it would make a hole in the ship.

One answer to this problem might be a ``meteor bumper``. This bumper, a thin metallic shell, might protect the main body of the spaceship from this cosmic hazard.

- متن صفحه مقابل را به فارسی برگردانید.

Arms control

A third meaning to arms control can best be described as behavioral. This involves restrictions not on what on what a country can own in terms of military hardware nor on how many soldiers can put into uniform, but on what it can do with its capacity. The restrictions applying in this case govern troop movements, the size of exercises, requirement of notice before military movements occur and similar measures.

نمونه های ترجمه متون ساده

- متن صفحه مقابل را به فارسی برگردانید.

نمونه های ترجمه متون ساده

نمونه ای از ترجمه متن پیشین:

معنای سوم کنترل تسلیحاتی را می توان به بهترین شکل به صورت رفتاری تعریف کرد. این معنی شامل محدود کردن جنگ افزارهای یک کشور یا این که چه تعداد سرباز را می تواند به ارتش بیافزاید. نخواهد بود بلکه این محدودیت بر توان نظامی آن کشور اعمال می شود. محدودیت های اعمال شده در این مورد ؛تحرکات نظامیان؛ گستردگی رزمایش ؛ نیاز به هشدار پیش از تحرکات نظامی و اقداماتی از این دست را کنترل می کند.

Origin of language

This article is about the origin of natural language. For the origin of programming language.

The origin of language in the human species has been the topic of scholarly discussion for several centuries. In spite of this, there is no consensus on the ultimate origin or age of human language .One problem makes the topic difficult to study: the lack of direct evidence. Consequently, scholars wishing to study the origins of language must draw inferences from other kinds of evidence such as the fossil record, archaeological evidence, contemporary language diversity, studies of language acquisition, and comparisons between human language and system of communication existing among other animals (particularly other primates). Many argue that the origins of language probably related closely to the origins of modern human behaviour, but there is little agreement about the implications and directionality of this connection.

This shortage of empirical evidence has led many scholars to regard entire topic as unsuitable for serious study. In 1866, the Linguistic Society of Paris banned any existing for future debates on the subject, a prohibition which remained influential across much of the western world unit late in the twentieth century. Today, there are numerous hypotheses about how, why, when, and where, language might have emerged. Despite this, there is scarcely more agreement today than a hundred years ago, when Charles Darwin`s theory of evolution by natural selection provoked a rash of armchair speculations on the topic. Since the early 1990s , however ,a growing number of professional linguists, archaeologists, psychologists, anthropologists, and others have attempted to address with new methods what some consider ``the hardest problem in science.``

ـ متن صفحه مقابل را به فارسی برگردانید.

Drop comparing

Drop comparing and life is really beautiful.

Drop comparing and you can enjoy life to the full. And the person who enjoys his life has no desire to press, because he knows the real things of life which are worth enjoying cannot be purchased.

- متن صفحه مقابل را به فارسی برگردانید.

_نمونه ای از ترجمه متن پیشین :

مقایسه را کنار بگذار آنگاه زندگی واقعا زیباست. مقایسه را کنار بگذار آن وقت می توانی بی کم و کاست از زندگی لذت ببری و کسی که از زندگی اش لذت می برد هیچ میلی به تملک ندارد زیرا می داند چیزهای واقعی زندگی که ارزش لذت بردن دارند قابل خریداری نیستند.

متن های نمونه برای ترجمه فارسی به انگلیسی

فرهنگ رانندگی

از دیرباز انسان با اسب، مسافت های کوتاه و بلند را می پیمود تا اکنون که فناوری حمل و نقل تکامل خارق العاده ای یافته است ولی هنوز وجه مشترک تمام وسایل نقلیه هدایت آن توسط انسان ها است. ولی تفاوتی بزرگ بین این دو وسیله وجود دارد و آن خشونت در زمان رانندگی وسیله نقلیه است.

در نظر داشته باشید که خودرویی با وزن ۱۴۰۰ کیلوگرم در دستان یک راننده خشن، به مشابه یک اسلحه مرگ بار عمل می کند. درواقع این گونه رانندگان عمدا به صورتی رفتار می کنند که خطر تصادفات جاده را افزایش می دهند. چه کسانی راننده های خشنی هستند؟

- رانندگانی که به خود و دیگران احترام می گذارند قادر هستند احساسات شان را کنترل کرده و رفتار مثبت تری داشته باشند.

- افرادی که از تعادل روحی و روانی برخوردار نبوده و از احساساتی چون خشم، ترس، بی اعتمادی، بی کفایتی و ناکامی های شخصی رنج می برند، با بی احتیاطی در رانندگی و عدم احترام به سایر رانندگان می کوشند تا خود را تخلیه احساسی کنند.

- برخی افراد روحیه رقابت جویانه و بیمار گونه ای دارند که می خواهند در هر زمینه ای نفر اول باشند، بنابراین حین رانندگی از همه سبقت می گیرند. این افراد اگر نتوانند تقاطع را تا پیش از این که چراغ، قرمز شود رد کنند، احساس بی کفایتی می کنند.

- برخی افراد دچار خودشیفتگی و خود بزرگ بینی بوده و تصور می کنند حق تقدم همواره با آن هاست و این فقط دیگر رانندگان هستند که همواره حقوق آنان را تمام و کمال رعایت کنند.

- برخی رانندگان تصور می کنند تمام خیابان متعلق به آن هاست این افراد چنانچه خودرویی را مقابل خود ببینند با بوق های مکرر تلاش می کنند آن را پشت سر بگذارند و اندکی احساس برتری کنند.

Translate the text into English:

شبکه اجتماعی
شبکه اجتماعی ساختاری اجتماعی است که از گره‌هایی تشکیل شده‌است که توسط یک یا چند نوع خاص از وابستگی مانند ایده‌ها و تبادلات مالی، دوست‌ها، خویشاوندی، لینک‌های وب، سرایت بیماری‌ها به هم متصل اند.
نتایج تحقیقات مختلف بیانگر آن است که می‌توان از ظرفیت شبکه‌های اجتماعی در بسیاری از سطوح فردی و اجتماعی به منظور شناسایی مسائل و تعیین راه حل آنها، برقراری روابط اجتماعی، اداره امور تشکیلاتی، سیاستگذاری و رهنمون سازی افراد در مسیر دست یابی به اهداف استفاده نمود.

Translate the text into English:

موسیقی سنتی ایرانی

موسیقی سنتی ایرانی شامل دستگاه‌ها، نغمه‌ها، و آوازها، از هزاران سال پیش از میلاد مسیح تا به امروز سینه به سینه در بتن مردم ایران جریان داشته، و آنچه دل‌نشین‌تر، ساده‌تر و قابل‌فهم‌تر بوده‌است امروز در دسترس است، بخش بزرگی از آسیای میانه، افغانستان، پاکستان، جمهوری آذربایجان، ارمنستان، ترکیه، و یونان متأثر از این موسیقی است و هرکدام به سهم خود تأثیراتی در شکل گیری این موسیقی داشته‌اند، از موسیقی‌دان‌ها یا به عبارتی نوازندگان موسیقی در ایران باستان می‌توان به «باربد» و «نکیسا» اشاره کرد.

نمونه های ترجمه متون ساده

Translate the text into English:

هنر

انسان ها هنر را برای تسکین خود برگزیده‌اند ، چه هنرمندان و چه مخاطبان اثر هنری در هنر مایه آرامش می‌جویند .
بعضی هنر را آینه واقعیت‌های موجود در جهان از طبیعت تا زندگی آدمها به حساب می‌آورند .
بعضی زمانی نام هنر را بر چیزی می گذارند که سازنده اش با آن احساس آرامش کند و آنچه در نظر دارد به تمامی بیان کرده باشد .
بعضی می‌گویند ؛ اگر مخاطب به درستی نفهمد که هنرمند چه می‌گوید ، اثر چه ارزشی می‌تواند داشته باشد .
بعضی از شکل اثر حرف می‌زنند که اگر اثر هنری از قواعد و شکل درست هنر پیروی نکند ، یک اثر هنری خلق نکرده است .
اما اکنون همه این گروه‌ها بعد از قرن‌ها بحث می‌دانند که اثر هنری در واقع همه این هاست. و تک تک این گروه‌ها حق دارند ولی بدون بقیه ناقص هستند.

Translate the text into English:

شغل مناسب من چیست؟

قطعا همه ما با این سوال روبرو شده ایم و با جواب هایی مانند:
- شغلی که از انجام آن لذت ببری.
- شغلی که انجام آن برای تو تفریح باشد.
- شغلی که درآمد بیشتری داشته باشد.

روبه رو شده ایم. اما کم تر کسی این نکته را به ما گوشزد کرده است که قبل از جواب به چنین سوال مهمی, با سوال چالش برانگیزتری باید رو به رو شویم و آن این است که: " من چه شخصیتی دارم و چه شغل هایی برای شخصیت من مناسب است؟"

برای رسیدن به این جواب باید ابتدا با جواب به آزمون های شخصیت شناسی مانند MBTI و یا DICS, و سپس یافتن شغل های مناسب با تیپ شخصیتی خودمان کار را ادامه دهیم.

Translate the text into English:

سلامت

تحقیقات انجام شده در تورنتو، کانادا نشان می دهد که مصرف زیاد نمک (سدیم) بر حافظه و عملکرد ذهن اثر منفی دارد. برای انجام این مطالعه رژیم غذایی ۱۲۶۲ فرد بین سنین ۶۷ تا ۸۴ سال مورد بررسی قرار گرفت. نتایج نشان داد در افرادی که دریافت سدیم بالا می باشد، عملکرد شناختی و قدرت حافظه ضعیف تر از سایر افراد می باشد.

این یافته ها به ویژه برای سالمندان حایز اهمیت است زیرا به طور طبیعی با افزایش سن توانایی ادراک و شناخت به میزان قابل ملاحظه ای کاهش می یابد. پیروی از الگوی تغذیه ای صحیح و پرهیز از مصرف زیاد سدیم در این گروه سنی موجب بهبود

عملکرد مغز و پیشگیری از فقدان حافظه و شناخت می شود.
این اولین مطالعه‌ای است که نقش سدیم بر حافظه را مورد بررسی قرار داده است. این محققان به همه افراد به ویژه سالمندان توصیه می کنند از مصرف زیاد نمک، کنسروها و غذاهای فرآوری شده دوری کنند.

نمونه های ترجمه متون ساده

Translate the text into English:

اهمیت پا

چینیان قدیم در گذشته به پا اهمیت زیادی می دادند و ازآن به عنوان «قلب دوم» انسان یاد می کردند. آن ها نقاط مشخصی از کف پا را با یکی از حواس پنجگانه مرتبط می دانستند، مثلا منطقه بین انگشت سوم الی پنجم را با چشم و یا پاشنه پا را با عصب سیاتیک ارتباط می دادند. در پیشینه ادب فارسی نیز از نقش کفش مناسب و راحت در قالب ضرب المثل های معروف بسیار یاد شده است.

ضرب المثل های «تهی پای رفتن به از کفش تنگ» یا «لنگه کفش در بیابان غنیمت است» همگی نشان دهنده تجارب پیشینیان ما در مورد کفش راحت و مناسب بوده است.

●در اولین مرحله این سوال مطرح می شود که کفش مناسب چیست؟

می توان گفت که در انتخاب کفش معمولا ۴ عامل تاثیر مشخصی دارند :
۱ (قیمت)
۲ (جنس)
۳ (رنگ)
۴ (مدل)

قیمت یک عامل اقتصادی است که به فرد و جامعه مربوط می شود رنگ و مدل هم متاثر از سن، جنسیت و گرایش های فردی و اجتماعی است وجنس و کیفیت کفش هم به اوضاع اقتصادی و وجدان اجتماعی جامعه باز می گردد. اما بر اساس تحقیقات انجام شده می توان گفت که مردم در انتخاب کفش، مدل و قیمت آن را از فاکتورهای بسیار مهم می دانند و متاسفانه راحتی کفش جزو اولین اولویت های آنان قرار نمی گیرد.

Translate the text into English:

زعفران

زعفران، گیاهی است چند ساله که دارای پیاز می باشد این پیاز دارای غلاف قهوه ای رنگی است. این گیاه در جنوب غربی آسیا، جنوب اسپانیا و جنوب اروپا روییده می شود. دارای ساقه و شش گلبرگ بنفش رنگ و ۳ رشته کلاله قرمز رنگ می باشد. قسمت مورد استفاده گیاه زعفران کلاله نارنجی رنگ گل آن می باشد. .

زعفران ماده غذایی با ارزشی است که به مقدار کم از گیاه زعفران به دست می آید در واقع از هر ۱۰۰ تا ۲۰۰ هزار گیاه زعفران، حدود ۵ کیلوگرم گل زعفران بدست می آید که وزن ۵ کیلوگرم زعفران تازه بعد از خشك شدن به یك کیلوگرم می رسد.

ارزش غذایی زعفران

زعفران چاشنی و رنگ دهنده غذا می باشد زعفران موجب کاهش چربی و کلسترول خون می گردد. زعفران آرام بخش، اشتها آور، ضد اسپاسم، پیشگیری کننده از بیماریهای قلبی و سرطان، تقویت کننده حافظه و کاهش دهنده فشار خون است. از گیاه زعفران در درمان بیماری آسم، بیماري هاي پوستی، بیماری های چشم، عفونت ادراری، یرقان، پیش انداختن قاعدگی، رفع نفخ شکم ، درمان معده درد و درمان کم خونی استفاده می شود.

زعفران به هضم غذا کمک می کند و تقویت کننده معده می باشد و به عنوان مسکن به ویژه در دردهای لثه کاربرد دارد.

Translate the text into English:

چرا مهاجرت اتفاق می افتد؟

جامعه شناسان بسیاری موضوع مهاجرت را در قالب مدل عوامل ترغیب کننده و پس زننده بررسی کرده اند. در این مدل ها به بررسی فشار عواملی که مردم را مجبور
می‌کند خانه هایشان را ترک کنند و عوامل کششی که آنها را به سوی مناطق جدید جذب می کند، می پردازند.
عوامل ترغیب کننده جنبه های منفی زندگی در کشور فرستنده مهاجر است. در حقیقت این عوامل دو روی یک سکه هستند. برای مهاجرت مهاجران، نه تنها باید عوامل منفی را در کشور پذیرنده برطرف کنند بلکه باید از مزیت های بیشتری هم برخوردار باشند تا مهاجرت به سودشان باشد.
همچنین عوامل مبهم تری نیز وجود دارند که می تواند مهاجرت را تسهیل یا از آن جلوگیری کند که از آن ها می توان به هزینه سفر، سهولت ارتباط و روند کسب و کار بین المللی اشاره کرد. این عوامل مربوط به یک کشور خاص نیستند اما هم چنان تاثیر عمیقی بر مهاجرت های بین المللی دارند.

Translate the text into English:

سیگار کشیدن

سیگار یکی از ابزارهایی است که شخص با مصرف آن دچار انواع بیماری ها و در نتیجه مرگ تدریجی می شود تنها بیماری های قلبی پیامدهای استعمال دخانیات نیست بلکه مجموعه‌ای از مسایل و مشکلات بهداشتی در ارتباط با مصرف مواد دخانی وجود دارد که می‌تواند به لحاظ شرایط جسمانی و مقاومت ایمنی در افراد سیگاری بروز می‌کند، که برخی از آنها عبارتند از:

۱- از دست دادن موها
۲- کاهش وزن
۳- چین و چروک
۴- ضایعات شنوایی
۵- فساد دندان ها
۶- پوکی استخوان
۷- بیماری های قلبی
۸- زخم معده
۹- تغییر رنگ انگشتان
۱۰- تغییر شکل دادن سلول های جنسی در مردان

Translate the text into English:

توریسم و گردشگری

گردشگر: جهانگرد کسی است که به سرزمین یا کشوری بیرون از جایگاه همیشگی زندگی و کار خود سفر می کند و دست کم یک شب و به هرحال، کم تر از یک سال در آنجا می ماند و دلیل عمده سفرش اشتغال به کاری برای دریافت دستمزد نیست.

صنعت گردشگری، صنعتی چندوجهی است که می‌تواند اثر مثبتی بر سایر بخش‌های کشور مانند کسب درآمد ارزی، افزایش درآمد ملی جامعه میزبان، افزایش درآمد دولت، افزایش سرمایه‌گذاری، افزایش اشتغال نیروی کار، توسعه تولید، فروش و گردش اقتصادی صنایع دستی داشته باشد و مهمتر از همه تغییر دید و نگرشی است که می‌تواند بر گردشگران در مورد آن کشور به وجود آورد. به همین دلیل توجه به این صنعت از اهمیت بالایی برخوردار است و کشورها برای افزایش سهم خود برنامه‌ریزی‌های مفصلی را انجام داده‌اند.

نمونه های ترجمه متون ساده

Translate the text into English:

ورزش کردن

ورزش هم در کوتاه مدت و هم در دراز مدت تقویت روانی و بهبود ذهنی به همراه می آورد. همچنین مشخص شده است که فعالیت های بدنی تاثیرات مثبتی در ایجاد اعتماد به نفس در بزرگسالان دارداز نظر بالینی این امر مسلم شده که فعالیت بدنی می تواند اثرات سودمندی بر بیماریهای فشارخون، پوکی استخوان، دیابت بزرگسالان و برخی اختلالات روانی داشته باشد. همه فعالیت های تفریحی از قبیل: بازی های توپی، ورزش های آبی و امثال هم نیز می تواند از نظر روانی ثمر بخش و مفید باشند. بطور خلاصه ،فوائد روانی بالقوه فعالیت های بدنی منظم و مستمر به قرار زیر است:

۱- ورزش می تواند به کاهش سطح اضطراب کمک می کند.

۲- ورزش مستمر می تواند به کاهش سطح افسردگی خفیف تا متوسط کمک کند .

۳- ورزشهای مستمر و مداوم می تواند به کاهش اختلالات عصبی و اضطراب کمک نمایند.

۴- ورزش می تواند عاملی فرعی وکمکی برای درمان تخصصی افسردگی شدید باشد.

۵- ورزش می تواند به کاهش انواع گوناگون استرس کمک کند .

ورزش می تواند اثرات روحی و روانی نافعی در همه سنین و برای هر دو جنس داشته باشد.

نمونه های ترجمه متون ساده

Translate the text into English:

سفر

سفر به شما این امکان را می دهد که کمی فشارهای روحی و جسمی را از خود دور کنید. حتی اگر سفر کاری باشد و شما مجبور باشید ساعت های متمادی در کنفرانس هایی شرکت کنید، در عوض با کشور یا شهر جدیدی آشنا خواهید شد. ممکن است مسافرت اضطراب و استرس هم داشته باشد، به خصوص اگر سفر شما همراه با گردش و بازدید از جاهای دیدنی باشد یا نیاز به آشنایی با زبان های مختلف داشته باشید یا مقصدتان شهری شلوغ باشد. اما استرس سفر یک استرس مثبت است و مثل اضطراب شما از کار زیاد یا زندگی روزمره نیست. کاهش فشار و استرس روحی همیشه به سلامتی شما کمک خواهد کرد..

مسافرت از هر نوعی که باشد باعث می شود برای مدتی از زندگی عادی خود دور شوید و همین مسئله به تنهایی انرژی زیادی به شما می دهد. اینکه بخواهید برنامه روزانه خود را کمی تغییر دهید، می تواند به عنوان نوعی درمان محسوب شود و این کار از کسل و خسته شدن فکر و جسم جلوگیری می کند. بزرگی می گفت: "هر تغییر و تنوعی به اندازه استراحت خوب است."

Translate the text into English:

چرا کودکان ناخن های خود را می جوند؟

روان‌شناسان مهم‌ترین عامل ناخن‌جویدن را اضطراب و فشارهای روحی می‌دانند، که می‌توان از آن به عنوان "عصبانیت بیش از حد" نام برد. دیده‌شده است افرادی که ناخن خود را می جوند از افراد عادی مشوش‌ترند.

عامل دیگر دلواپسی و تضادهای فکری در کودکان است که مخصوصاً در موقعیت‌های حساس ترس آور، بلاتکلیفی و حالت‌های هیجانی دیگر به وجود می‌آید مانند مشاهده درگیری و نزاع والدین و یا هنگام امتحانات مدرسه یا جواب دادن به درس و یا تماشای فیلم ترسناک.

هیجان بیش از حد نیز می‌تواند به عنوان عاملی باشد که ناخن‌جویدن را در کودکان تشدید کند.

و بالاخره تقلید از دیگران که به صورت عادت در آمده باشد مانند کودکانی که یک یا هر دو والد آن‌ها عادت به جویدن ناخن دارند.

Translate the text into English:

کتابخوانی برای کودکان

در برنامه کتابخوانی باید به کودکان اجازه داد که وسط صحبت بدوند و با طرح نظر یا سوال چیزی را که متوجه نشده‌اند، دوباره بپرسند تا بهتر بفهمند. به طور معمول، بچه‌ها دوست دارند که قصه‌های شنیده شده را دوباره بشنوند. بازگویی قصه‌های شنیده شده به‌وسیله خودشان یا شما فایده‌های بسیاری دارد زیرا علاوه بر پرورش قدرت حافظه، تمرین مناسبی برای تقویت قدرت بیان بچه‌ها نیز هست. رفتار، به ویژه چهره شما کمک بسیار مؤثری به برداشت مفاهیم کتاب می‌کند. او ضمن این که به کلمه‌هایی که به تصاویر داستان جان می‌بخشد توجه دارد، در تمام مدت به اخم و لبخند، ترس و بیم و سایر عواطف شما نیز چشم می‌دوزد. به هر شیوه‌ای که برای کودک خود کتاب بخوانید، همراهی شما به او کمک می‌کند که به تدریج مهارت‌های فردی خود را گسترش داده و تکامل بخشد. فراموش نکنیم که اغلب برای سنین بالاتر از دو سال برنامه مشخصی برای تقویت توانایی‌های کودک در خانواده‌ها پیگیری نمی‌شود و همین سال‌هاست که شالوده موفقیت در آینده را پایه‌ریزی می‌کند.

Translate the text into English:

مانع

در زمان های قدیم پادشاهی تخت سنگی را در وسط جاده قرار داد و برای اینکه عکس العمل مردم را ببیند خودش را جایی مخفی کرد.
بعضی از بازرگانان و ندیمان ثروتمند پادشاه بی تفاوت از کنار تخت سنگ می گذشتند. بسیاری هم غر و لند می کردند که این چه شهریست که نظم ندارد؟ حاکم شهر عجب مرد بی عرضه ایست. با وجود این هیچکس تخته سنگ را از وسط بر نمی داشت نزدیک غروب یک روستایی که پشتش بار میوه و سبزیجات بود به سنگ نزدیک شد ؛ بار هایش را زمین گذاشت و با هر زحمتی بود تخته سنگ را از وسط جاده برداشت و آن را کناری قرار داد.
ناگهان کیسه ای را دید که وسط جاده و زیر تخت سنگ قرار داده شده بود؛ کیسه را باز کرد و داخل آن سکه های طلا و یک یادداشت پیدا کرد.
پادشاه نوشته بود: هر سد و مانعی می تواند گامی بلند برای یک پیشرفت باشد.

Translate the text into English:

قبول خطر

یکی از زیباترین چیزهایی را که تا به حال دیده ام در یک پارک اتفاق افتاد. پدر و مادری کودک خود را به پارک برده بودند.
کودک آنها داشت به طرف دریاچه می رفت. پدر با دیدن آن منظره سعی کرد تا مانع کودک شود. مادر که باید یک شخص بی همتا و دوست داشتنی باشد دوید و جلوی پدر را گرفت او گفت :" بگذار برود".
و این بچه تاتی تاتی کرد و به جلو رفت .
این داستان پایان غم انگیزی ندارد.
کودک غرق نشد. مطمینم قلب مادر به سختی میزد.
اما تعالی انسان منوط به قبول خطر است.

نمونه های ترجمه متون ساده

Translate the text into English:

منابع و مأخذ:

www.tabank.ir

www.vista.ir

www.asriran.com

www.tarineh.com

www.ingramcontent.com/pod-product-compliance
Lightning Source LLC
Chambersburg PA
CBHW081422230426
43668CB00016B/2319
9789649741697